열두 개의 달 시화집 플러스 十二月

편편이 흩날리는 저 눈송이처럼

■일러두기
시인 고유의 필치(筆致)를 살리기 위해 표기와 맞춤법은 되도록 초판본을 따랐습니다.

편편이 흩날리는 저 눈송이처럼

열두 개의 달 시화집 플러스 十二月. 윤동주 외 지음 — 칼 라르손 그림

CARL LARSSON

저녁달

차례

一日。 편지 _윤동주
二日。 호주머니 _윤동주
三日。 내마음을 아실 이 _김영랑
四日。 나와 나타샤와 흰당나귀 _백석
五日。 하이쿠 _요사 부손
六日。 눈 오는 지도(地圖) _윤동주
七日。 하이쿠 _마쓰오 바쇼
八日。 눈 밤 _심훈
九日。 이런 시(時) _이상
十日。 사랑과 잠 _황석우
十一日。 하이쿠 _마쓰오 바쇼
十二日。 명상(瞑想) _윤동주
十三日。 꿈 깨고서 _한용운
十四日。 창 구멍 _윤동주
十五日。 이별을 하느니 _이상화

十六日。	당신에게 _장정심
十七日。	하염없는 바람의 노래 _박용철
十八日。	그리움 _이용악
十九日。	고야(古夜) _백석
二十日。	편지 _노자영
二十一日。	설야(雪夜) _이병각
二十二日。	눈 오는 아츰 _김상용
二十三日。	순례의 서 _라이너 마리아 릴케
二十四日。	님의 손길 _한용운
二十五日。	새로워진 행복 _박용철
二十六日。	간판 없는 거리 _윤동주
二十七日。	하이쿠 _이케니시 곤스이
二十八日。	개 _백석
二十九日。	마당 앞 맑은 새암을 _김영랑
三十日。	전라도 가시내 _이용악
三十一日。	그믐밤 _허민

12월의 화가와 시인 이야기 105

편지

윤동주

누나!
이 겨울에도
눈이 가득히 왔습니다.

흰 봉투에
눈을 한줌 넣고
글씨도 쓰지 말고
우표도 붙이지 말고
말숙하게 그대로
편지를 부칠가요?

누나 가신 나라엔
눈이 아니 온다기에.

호주머니

윤동주

넣을 것 없어
걱정이던
호주머니는,

겨울만 되면
주먹 두 개 갑북갑북.

내 마음을 아실 이

김영랑

내 마음을 아실 이
내 혼자 마음 날 같이 아실 이
그래도 어데나 계실 것이면
내 마음에 때때로 어리우는 티끌과
속임 없는 눈물의 간곡한 방울방울
푸른 밤 고이 맺는 이슬 같은 보람을
보낸 듯 감추었다 내어드리지.
아! 그립다.
내 혼자 마음 날 같이 아실 이
꿈에나 아득히 보이는가.
향 맑은 옥돌에 불이 달어
사랑은 타기도 하오련만
불빛에 연긴 듯 희미론 마음은
사랑도 모르리 내 혼자 마음은.

나와 나타샤와 흰당나귀

백석

가난한 내가
아름다운 나타샤를 사랑해서
오늘밤은 푹푹 눈이 나린다

나타샤를 사랑은 하고
눈은 푹푹 날리고
나는 혼자 쓸쓸히 앉어 소주(燒酒)를 마신다
소주를 마시며 생각한다
나타샤와 나는
눈이 푹푹 쌓이는 밤 흰당나귀 타고
산골로 가자 출출이 우는 깊은 산골로 가 마가리에 살자

눈은 푹푹 나리고
나는 나타샤를 생각하고
나타샤가 아니 올 리 없다
언제 벌써 내 속에 고조곤히 와 이야기한다
산골로 가는 것은 세상에 지는 것이 아니다
세상 같은 건 더러워 버리는 것이다

눈은 푹푹 나리고
아름다운 나타샤는 나를 사랑하고
어데서 흰당나귀도 오늘밤이 좋아서 응앙응앙 울을 것이다

도끼질하다가
향내에 놀라도다
겨울나무 숲

斧入て香におどろくや冬木立

요사 부손

눈 오는 지도(地圖)

윤동주

순이(順伊)가 떠난다는 아침에 말 못할 마음으로 함박눈이 나려, 슬픈 것처럼 창(窓)밖에 아득히 깔린 지도(地圖) 위에 덮힌다. 방(房)안을 돌아다보아야 아무도 없다. 벽(壁)이나 천정(天井)이 하얗다. 방(房) 안에까지 눈이 나리는 것일까, 정말 너는 잃어버린 역사(歷史)처럼 홀홀이 가는 것이냐, 떠나기 전(前)에 일러둘 말이 있던 것을 편지를 써서도 네가 가는 곳을 몰라 어느 거리, 어느 마을, 어느 지붕밑, 너는 내 마음속에만 남아 있는 것이냐, 네 쪼고만 발자욱을 눈이 자꾸 나려 덮여 따라 갈 수도 없다. 눈이 녹으면 남은 발자욱 자리마다 꽃이 피리니 꽃 사이로 발자욱을 찾아 나서면 일년(一年) 열두 달 하냥 내 마음에는 눈이 나리리라.

그럼 안녕
눈 구경하러 갔다 오겠네
넘어지는 데까지

いざさらば雪見(ゆきみ)にころぶ所まで

마쓰오 바쇼

눈 밤

심훈

八日

소리 없이 내리는 눈, 한 치, 두 치 마당 가득 쌓이는 밤엔
생각이 길어서 한 자외다, 한 길이외다.
편편이 흩날리는 저 눈송이처럼
편지나 써서 온 세상에 뿌렸으면 합니다.

이런 시(時)

이상

역사를하노라고땅을파다가커다란돌을하나끄집어내어놓고보니도무지어디서인가본듯한생각이들게모양이생겼는데목도들이그것을메고나가더니어디다갖다버리고온모양이길래쫓아나가보니위험하기짝이없는큰길가더라.

그날밤에한소나기하였으니필시그돌이깨끗이씻겼을터인데그이튿날가보니까변괴로다간데온데없더라. 어떤돌이와서그돌을업어갔을까나는참이런처량한생각에서아래와같은작문을지었도다.

「내가그다지사랑하던그대여내한평생에차마그대를잊을수없소이다. 내차례에못올사랑인줄은알면서도나혼자는꾸준히생각하리다. 자그러면내내어여쁘소서」

어떤돌이내얼굴을물끄러미치어다보는것만같아서이런시는그만찢어버리고싶더라

사랑과 잠

황석우

잠은 사랑과 같이 사람의 눈으로부터 든다
그러나 사랑은 사람의 눈동자로부터도 적발로 살그머니 들어가고
잠은 사람의 눈꺼풀로부터 공연(公然)하게 당당(堂堂)히 들어간다
그럼으로 사랑은 좀도적의 소인(小人), 잠은 군자(君子)!
또 그들의 달은 곳은 사랑은 사람의 마음 가운데 들고
잠은 사람의 몸 가운데 들어간다
그리고 사랑의 맛은 달되 체(滯)하기 쉽고
잠의 맛은 담담(淡淡)하야 탈남이 없다

둘이서 본 눈
올해에도 그렇게
내렸을까

二人見し雪は今年も降りけるか

마쓰오 바쇼

명상(瞑想)
                                    윤동주

가즐가즐한 머리칼은 오막살이 처마끝,
쉬파람에 콧마루가 서운한 양 간질키오.

들창 같은 눈은 가볍게 닫혀
이 밤에 연정은 어둠처럼 골골히 스며드오.

꿈 깨고서

　　　　　　　　　　　　　　　　　　　　　　한용운

님이면 나를 사랑하련마는
밤마다 문 밖에 와서 발자취 소리만 내이고
한 번도 돌아오지 아니하고 도로 가니
그것이 사랑인가요.
그러나 나는 발자취나마 님의 문 밖에 가 본 적이 없습니다.
아마 사랑은 님에게만 있나 봐요.

아아, 발자국 소리가 아니더면
꿈이나 아니 깨었으련마는
꿈은 님을 찾아가려고 구름을 탔었어요.

창 구멍

윤동주

바람 부는 새벽에 장터 가시는
우리 아빠 뒷자취 보고 싶어서
춤을 발라 뚫어논 작은 창구멍
아롱 아롱 아침해 비치웁니다.

눈 나리는 저녁에 나무 팔러간
우리 아빠 오시나 기다리다가
혀끝으로 뚫어논 작은 창구멍
살랑 살랑 찬바람 날아듭니다.

이별을 하느니

이상화

어쩌면 너와 나 떠나야겠으며 아무래도 우리는 나눠야겠느냐
남몰래 사랑하는 우리 사이에 남몰래 이별이 올 줄은 몰랐으나

꼭두로 오르는 정열에 가슴과 입설이 떨어 말보다 숨결조차 못 쉬노라
오늘밤 우리 둘의 목숨이 꿈결같이 보일 애타는 네 맘 속을 내 어이 모르랴

애인아 하늘을 보아라 하늘이 까라졌고 땅을 보아라 땅이 꺼졌도다
애인아 내 몸이 어제같이 보이고 네 몸도 아직 살아서 내 곁에 앉았느냐

어쩌면 너와 나 떠나야겠으며 아무래도 우리는 나눠야겠느냐
우리 둘이 나뉘어 생각하며 사느니보다 차라리 바라보며 우리 별이 되자

사랑은 흘러가는 마음 위에서 웃고 있는 가벼운 갈대꽃 인가
때가 오면 꽃송이는 고와지고 때가 가면 떨어지고 썩고 마는가?

님의 기림에서만 믿음을 얻고 님의 미움에서는 외로움만 받을 너이었더냐?
행복을 찾아선 비웃음도 모르는 인간이면서 이 고행을 싫어할 나이었더냐?

애인아 물에다 물탄 듯 서로의 사이에 경계가 없던 우리 마음 위로
애인아 검은 그림자가 오르락나리락 소리도 없이 어른거리도다

남몰래 사랑하는 우리 사이에 우리 몰래 이별이 올 줄은 몰랐어라
우리 둘이 나뉘어 사람이 되느니 피울음 우는 두견이 되자

오려므나 더 가까이 내 가슴을 안으라 두 마음 한 가락으로 얼어 보고 싶다
자그마한 부끄럼과 서로 아는 믿음 사이로 눈 감고 오는 방임(放任)을 맞이자

아주 주름잡힌 네 얼굴 이별이 주는 애통이냐? 이별을 쫓고 내게로 오너라
상아의 십자가 같은 네 허리만 더위잡는 내 팔 안으로 달려만 오너라

애인아 손을 다고 어둠 속에도 보이는 남색의 손을 내 손에 쥐어다오
애인아 말해다오 벙어리 입이 말하는 침묵의 말을 내 눈에 일러다오

어쩌면 너와 나 떠나야겠으며 아무래도 우리는 나뉘야겠느냐?
우리 둘이 나뉘어 미치고 마느니 차라리 바다에 빠져 두 마리 인어로나
되어서 살까

당신에게

장정심

당신에게 노래를 청할 수 있다면
들일락 말락 은은 소리로
우리 집 창밖에 홀로 와서
내 귀에 가마니 속삭여주시오

당신에게 웃음을 청할 수 있다면
꿈인 듯 생신 듯 연연한 음조로
봉오리 꽃같이 고운 웃음
괴롭든 즐겁든 늘 웃어주시오

당신에게 침묵을 청할 수 있다면
우리가 전일 화원에 앉아서
말없이 즐겁게 침묵하던
그 침묵 또다시 보내어 주시오

당신에게 무엇을 청할지라도
거절 안하실 터이오니
사랑의 그 마음 고이 싸서
만나는 그날에 그대로 주시오

하염없는 바람의 노래

박용철

나는 세상에
즐거움 모르는
바람이로라
너울거리는
나비와 꽃잎 사이로
속살거리는
입술과 입술 사이로
거저 불어지나는
마음없는 바람이로라

나는 세상에
즐거움 모르는
바람이로라
땅에 엎드린 사람
등에 땀을 흘리는 동안
쇠를 다지는 마치의
올랐다 나려지는 동안
흘깃 스쳐지나는
하염없는 바람이로라

나는 세상에
즐거움 모르는
바람이로라
누른 이삭은
고개 숙이어 가지런하고
빨간 사과는
산기슭을 단장한 곳에
한숨같이 옮겨가는
얼음없는 바람이로라

나는 세상에
즐거움 모르는
바람이로라
잎 벗은 가지는
소리없이 떨어 울고
검은 가마귀
넘는 해를 마저 지우는 제
자취없이 걸어가는
느낌없는 바람이로라

아 — 세상에
마음 끌리는 곳 없어
호을로 일어나다
스스로 사라지는
즐거움 없는
바람이로다

그리움

                                    이용악

눈이 오는가 북쪽엔
함박눈 쏟아져내리는가

험한 벼랑을 굽이굽이 돌아간
백무선 철길 우에
느릿느릿 밤새워 달리는
화물차의 검은 지붕에

연달린 산과 산 사이
너를 남기고 온
작은 마을에도 복된 눈 내리는가

잉크병 얼어드는 이러한 밤에
어쩌자고 잠을 깨어
그리운 곳 차마 그리운 곳

눈이 오는가 북쪽엔
함박눈 쏟아져내는가

고야(古夜)

백석

아배는 타관 가서 오지 않고 산비탈 외따른 집에 엄매와 나와 단 둘이서 누가 죽이는 듯이 무서운 밤 집 뒤로는 어늬 산골짜기에서 소를 잡어먹는 노나리꾼들이 도적놈들같이 쿵쿵거리며 다닌다

날기멍석을 저간다는 닭보는 할미를 차 굴린다는 땅아래 고래 같은 기와집에는 언제나 니차떡에 청밀에 은금보화가 그득하다는 외발 가진 조마구 뒷산 어늬메도 조마구네 나라가 있어서 오줌 누러 깨는 재밤 머리맡의 문살에 대인 유리창으로 조마구 군병의 새까만 대가리 새까만 눈알이 들여다보는 때 나는 이불속에 자즈러붙어 숨도 쉬지 못한다

또 이러한 밤 같은 때 시집갈 처녀 막내고무가 고개너머 큰집으로 치장감을 가지고 와서 엄매와 둘이 소기름에 쌍심지의 불을 밝히고 밤이 들도록 바느질을 하는 밤 같은 때 나는 아릇목의 삿귀를 들고 쇠든밤을 내여 다람쥐처럼 밝어먹고 은행여름을 인두불에 구어도 먹고 그러다는 이불 우에서 광대넘이를 뒤이고 또 누어 굴면서 엄매에게 웃목에 두른 평풍의 새빨간 천두의 이야기를 듣기고 하고 고무더러는 밝는 날 멀리는 못 난다는 뫼추라기를 잡어달라고 조르기도 하고

내일같이 명절날인 밤은 부엌에 째듯하니 불이 밝고 솥뚜껑이 놀으며 구수한 내음새 곰국이 무르끊고 방안에서는 일가집 할머니가 와서 마을의 소문을 펴며 조개송편에 달송편에 쥔두기송편에 떡을 빚는 곁에서 나는 밤소 팥소 든 콩가루소를 먹으며 설탕 든 콩가루소가 가장 맛있다고 생각한다 나는 얼마나 반죽을 주무르며 흰가루손이 되여 떡을 빚고 싶은지 모른다

섣달에 냅일날이 들어서 냅일날 밤에 눈이 오면 이 밤엔 쌔하얀 할미귀신의 눈귀신도 냅일눈을 받노라 못 난다는 말을 든든히 녀기며 엄매와 나는 앙궁 우에 떡돌 우에 곱새담 우에 함지에 버치며 대냥푼을 놓고 치성이나 드리듯이 정한 마음으로 냅일눈 약눈을 받는다 이 눈세기물을 냅일눈이라고 제주병에 진상항아리에 채워두고는 해를 묵여가며 고뿔이 와도 배앓이를 해도 갑피기를 앓어도 먹을 물이다

편지

노자영

바라던, 바라던 님의 편지를
정성껏 품에 넣어가지고
사람도 없고 새도 없는
고요한 물가를 찾아 갔어요

물가의 바위를 등에 지고
그 님의 편지를 보느라니까
어느듯 숲에서 꾀꼬리가
나의 비밀을 알아채고서
꾀꼴꾀꼴 노래하며
물가를 건너 날아갑니다

비밀을 깨친 나의 마음은
놀램과 섭섭함에 분을 참고
그 님의 편지를 물속에 던지려다
그래도 오히려 아까워
푸른 시냇가 하얀 모래에
그만 곱게 묻어놨어요

모래에 묻은 그 님의 편지
사랑이 자는 어여쁜 무덤
물도 흐르고 나도 가면
달 밝은 저녁에 뻐국새 나와서
그 님의 넋을 불러나 주려는지……

설야(雪夜)

이병각

밤은 잠들고
자취 드문 거리에
눈이 나린다.

너는 페르샤 문의의 목도리
나는 사포를 기울게 쓰고

옛이야기처럼 아련하다
코노래를 부르며 부르며

자욱을 헤아린다.

파랑새를 쫓는다.

눈 오는 아츰

김상용

눈 오는 아츰은
가장 성(聖)스러운 기도(祈禱)의 때다.

순결(純潔)의 언덕 우
수묵(水墨)빛 가지 가지의
이루어진 솜씨가 아름다워라.

연긔는 새로 탄생(誕生)된 아기의 호흡(呼吸)
닭이 울어
영원(永遠)의 보금자리가 한층 더 다스하다.

순례의 서

　　　　　　　　리이니 마리아 릴케

내 눈빛을 지우십시오
나는 당신을 볼 수 있습니다.

내 귀를 막으십시오.
나는 당신을 들을 수 있습니다.

발이 없어도 당신에게 갈 수 있고
입이 없어도 당신을 부를 수 있습니다.
팔이 꺾여도 나는 당신을
내 심장으로 붙잡을 것입니다.

내 심장을 멈춘다면
나의 뇌수가 맥박 칠 것입니다.

나의 뇌수를 불태운다면
나는 당신을 피 속에 싣고 갈 것입니다.

Lösch mir die Augen aus

                                              Rainer Maria Rilke

Lösch mir die Augen aus: ich kann dich sehn,
wirf mir die Ohren zu: ich kann dich hören,
und ohne Füße kann ich zu dir gehn,
und ohne Mund noch kann ich dich beschwören.
Brich mir die Arme ab, ich fasse dich
mit meinem Herzen wie mit einer Hand,
halt mir das Herz zu, und mein Hirn wird schlagen,
und wirfst du in mein Hirn den Brand,
so werd ich dich auf meinem Blute tragen.

님의 손길

한용운

님의 사랑은 강철을 녹이는 불보다도 뜨거운데,
님의 손길은 너무 차서 한도가 없습니다.
나는 이 세상에서 서늘한 것도 보고 찬 것도 보았습니다.
그러나 님의 손길같이 찬 것은 볼 수가 없습니다.

국화 핀 서리 아침에 떨어진 잎새를 울리고
오는, 가을 바람도 님의 손길보다는 차지 못합니다.
달이 작고 별에 뿔나는 밤에, 얼음 위에 쌓인 눈도
님의 손길보다는 차지 못합니다.

나의 작은 가슴에 타오르는 불꽃은
님의 손길이 아니고는 끄는 수가 없습니다.

님의 손길의 온도를 측량할만한 한란계는
나의 가슴 밖에는 아무데도 없습니다.
님의 사랑은 불보다도 뜨거워서, 근심 산(山)을 태우고 한(恨)
바다를 말리는데, 님의 손길은 너무도 차서 한도가 없습니다.

새로워진 행복

박용철

검푸른 밤이 거룩한 기운으로
온 누리를 덮어싼 제,
그대 아침과 저녁을 같이하던
사랑은 눈의 앞을 몰래 떠나,
뒷산 언덕 우에 혼잣몸을 뉘라.
별 많은 하늘 무심히 바래다가
시름없이 눈감으면.
더 빛난 세상의 문 마음눈에 열리리니,
기쁜 가슴 물결같이 움즐기고,
뉘우침과 용서의 아름답고 좋은 생각
헤엄치는 물고기떼처럼 뛰어들리.
그러한 때, 저 건너,
검은 둘레 우뚝이 선 산기슭으로
날으듯 빨리 옮겨가는 등불 하나
저의 집을 향해 바쁘나니,
무서움과 그리움 섞인 감정에
그대 발도 어둔 길을 서슴없이 달음질해,
아늑한 등불 비치는데 들어오면,
더 아늑히 웃는 사랑의 눈은
한동안 멀리 두고 그리던 이들같이
새로워진 행복에 부시는 그대 눈을 맞아 안으려니.

간판 없는 거리

윤동구

정거장 플랫폼에
내렸을 때 아무도 없어,
다들 손님들뿐,
손님 같은 사람들뿐,
집집마다 간판이 없어
집 찾을 근심이 없어
빨갛게
파랗게
불붙는 문자도 없이
모퉁이마다
자애로운 헌 와사등에
불을 켜놓고,
손목을 잡으면
다들, 어진 사람들
다들, 어진 사람들
봄, 여름, 가을, 겨울,
순서로 돌아들고.

고양이 달아나
매화를 흔들었네
으스름달

猫逃げて梅ゆすりけり朧月

이케니시 곤스이

개

백석

접시 귀에 소기름이나 소뿔등잔에 아즈까리 기름을 켜는 마을에서는 겨울밤 개 짖는 소리가 반가웁다

이 무서운 밤을 아래웃방성 마을 돌아다니는 사람은 있어 개는 짖는다

낮배 어니메 치코에 꿩이라도 걸려서 산너머 국수집에 국수를 받으려 가는 사람이 있어도 개는 짖는다

김치가재미선 동치미가 유별히 맛나게 익는 밤

아배가 밤참 국수를 받으려 가면 나는 큰마니 돋보기를 쓰고 앉어 개 짖는 소리를 들은 것이다

마당 앞 맑은 새암을
                                    김영랑

마당 앞
맑은 새암을 들여다본다

저 깊은 땅 밑에
사로잡힌 넋 있어
언제나 먼 하늘만
내려다보고 계심 같아

별이 총총한
맑은 새암을 들여다본다

저 깊은 땅속에
편히 누운 넋 있어
이 밤 그 눈 반짝이고
그의 겉몸 부르심 같아

마당 앞
맑은 새암은 내 영혼의 얼굴

전라도 가시내

이용악

알룩조개에 입맞추며 자랐나
눈이 바다처럼 푸를 뿐더러 까무스레한 네 얼굴
가시내야
나는 발을 얼구며
무쇠다리를 건너온 함경도 사내

바람소리도 호개도 인전 무섭지 않다만
어두운 등불 밑 안개처럼 자욱한 시름을 달게 마시련다만
어디서 흉참한 기별이 뛰어들 것만 같애
두터운 벽도 이웃도 못 미더운 북간도 술막

온갖 방자의 말을 품고 왔다
눈포래를 뚫고 왔다
가시내야
너의 가슴 그늘진 숲속을 기어간 오솔길을 나는 헤매이자
술을 부어 남실남실 술을 따르어
가난한 이야기에 고이 잠거다오

네 두만강을 건너왔다는 석 달 전이면
단풍이 물들어 천 리 천 리 또 천 리 산마다 불탔을 겐데
그래두 외로워서 슬퍼서 초마폭으로 얼굴을 가렸더냐
두 낮 두 밤을 두루미처럼 울어 울어
불술기 구름 속을 달리는 양 유리창이 흐리더냐

차알삭 부서지는 파도소리에 취한 듯
때로 싸늘한 웃음이 소리 없이 새기는 보조개
가시내야
울 듯 울 듯 울지 않는 전라도 가시내야
두어 마디 너의 사투리로 때아닌 봄을 불러줄게
손때 수집은 분홍 댕기 휘 휘 날리며
잠깐 너의 나라로 돌아가거라

이윽고 얼음길이 밝으면
나는 눈포래 휘감아치는 벌판에 우줄우줄 나설 게다
노래도 없이 사라질 게다
자욱도 없이 사라질 게다

그믐밤

허민

그믐밤 하늘 우에 겨운 별빛은
내 사랑이 가면서 남긴 웃음가
힘도 없이 떠나신 그의 자취는
은하숫가 희미한 구름 같아라.

땅 우에 외롭게 선 이내 넋은
무덤 없는 옛 기억에 불타오르네
모든 원성 닥처도 변치 말고서
뜻과 뜻을 같이해 나가란 말씀.

허물어진 내 얼굴에 주름 잡히고
까스러운 노래도 한숨의 종자
희미하게 떠오르는 웃음의 별을
말없이 잡으려는 미련의 마음.

Now It's Christmas Again 1907

In the Snow 1910

The Yard and Wash-House 1895

Girls Sewing by the Window 1913

The Timber Chute, Winter Scene From 'A Home' Series 1895

In the Forest 1906

The Kitchen 1898

Look Out 1901

Brita's Forty Winks from a Home 1899

Brita as Iduna (Iðunn) 1901

When the Children Have Gone to Bed 1895

Dagmar Grill in the Garden 1909

Study for Rokoko 1888

Lisbeth Reading 1904

My Eldest Daughter 1904

Flowers on the Windowsill 1894

Father and Mother and Child 1906

Portrait of Mrs. Signe Thiel Thielska 1900

Self Portrait 1906

Revelation 1917

Lisbeth with Yellow Tulip 1894

'Murre' Portrait of Casimir Laurin 1900

Toys in the Corner 1887

Portrait of the Artist's Father 1903

Getting Ready for a Game 1901

Model Writing Postcards 1906

Just Before Bedtime 1908

A Ray of Sunshine 1893

After the Prom 1908

Skier 1911

An Interior with a Woman Reading 1885

Study for Modern Art 1889

Age of Seventeen 1902

Midwinter Sacrifice 1915

Bridesmaid 1917

Mammas and the Small Girls 1897

A Day of Celebration 1895

Open-Air Painter. Winter-Motif from Åsögatan 145, Stockholm 1886

On the Eve of the Trip to England 1909

Cosy Corner 1894

Azalea 1906

Correspondance 1912

In the Corner 1894

At the Piano 1900

Anna-Johanna Grill 1913

The Studio 1895

12월의 화가와 시인 이야기

수채화로 담아낸 일상
칼 라르손 이야기

칼 라르손

칼 라르손은 1853년 5월 28일 스웨덴 스톡홀름의 극심한 빈곤 속에서 태어났다. 불안정한 가정환경과 무뚝뚝한 아버지 밑에서 성장했으며, 어린 시절부터 예민하고 내성적인 기질을 보였다. 라르손은 열세 살에 스톡홀름 왕립미술아카데미(Stockholm Academy of Fine Arts)에 들어갔으며 1869년에는 엔티크 스쿨(antique school)에서 공부하였다. 이후 파리로 건너가 프랑스풍의 부드
러운 빛깔로 두텁게 칠한 수채화 작품을 많이 그렸다.
젊은 시절 파리에서의 생활 역시 순탄치 않았는데, 1882년 파리 외곽에 있는 스칸디나비아 예술가들의 거주지 그레 쉬르 루앙(Grez-sur-Loing)에서 스웨덴 미술가 단체에 가입하며 전환점을 맞았다. 그곳에서 그는 장차 그의 아내가 될 미술가 카린 베르게를 만났다. 둘은 결혼해 여덟 명의 아이를 낳았고, 두 사람은 예술적 동반자로서 서로에게 깊은 영향을 주었다. 결혼 후 라르손은 가족의 일상, 아이들, 집 안 풍경을 밝고 따뜻한 색조로 담아내는 독자적 화풍을 확립했다. 특히 순백의 북유럽 햇빛과 정갈한 실내 공간을 표현한 그의 수채화는 '스웨덴식 생활 미학'의 상징이 되었으며, 가난과 고독 속에서 출발한 삶이 결국 친밀함과 평온의 이미지를 만들어낸 독특한 예술 세계로 이어졌다.

Old Sundborn Church 1895

Self-portrait 1895

가난과 현실 속에서 형성된
칼 라르손의 초기 화풍

칼 라르손의 작품 활동 초기는 가난한 유년기와 왕립미술아카데미 시절, 그리고 파리에서의 방황기가 겹쳐지는 시기로, 그의 예술적 기반이 마련된 단계였다. 이 시기의 작품들은 전반적으로 어둡고 사실적인 색조, 가난·노동·도시 서민의 삶 같은 주제를 중심으로 이루어져 있어 우울한 현실주의적 분위기를 띤다. 라르손은 파리에서 인상주의의 흐름을 접했지만, 아직 자신의 확고한 스타일을 세우지 못해 실험적이고 관찰 중심의 작업이 많았다.

생계를 위해 그는 판화, 일러스트, 흑백 드로잉 등을 다수 제작했으며, 이러한 작업들이 초기 미술적 감각을 다지는 데 중요한 토대가 되었다.

대표작으로는, 라르손의 초기 시기를 상징하는 유화〈시냇물의 정령〉, 바르비종 체류 중 그린 유화〈바르비종의 당나귀 수레〉, 채도 대비가 강한 초기 유화 스타일을 보여주는〈빛과 그림자〉등이 있다. 이 작품들은 모두 라르손이 훗날 따뜻한 수채화 화풍으로 전환하기 이전, 그의 내면의 어둠과 현실의 압박을 가장 직접적으로 보여주는 작품들로 평가된다.

The Donkey Cart in Barbizon 1877-1878

The Water Sprite 1878

Light and Shadow 1877

밝고 투명한 수채화로 전환된 중기 화풍
가족과 집안 풍경을 중심으로 한 작품 세계

1880~1890년대는 칼 라르손의 예술적 전환과 정체성이 확립된 시기로, 주로 파리 외곽에 있는 스칸디나비아 예술가들의 거주지 그레 쉬르 루앙에서 보낸 모습과 가족, 집안 풍경을 중심으로 한 작품이 많다. 이 시기의 그림들은 초기의 어두운 현실주의적 색조에서 벗어나 밝고 투명한 수채화를 사용하며, 자연광과 실내 조명을 사실적이면서도 낭만적으로 표현한 것이 특징이다. 또한, 아내 카린과 결혼 후 가족과 집, 아이들 같은 일상적 소재를 주요 주제로 삼아, 단순한 풍경화나 초상화가 아닌 감정과 생활의 서정을 담아냈다. 붓 터치는 부드럽고 섬세하며, 북유럽 특유의 온화하고 평온한 분위기가 화면 전반에 배어 있다.

중기 대표작으로는 아내와 아이들의 일상을 그린 〈카린과 아이들〉, 딸 브리타와 함께한 장면을 담은 〈브리타와 나〉, 집 정원의 자연과 아이들의 활동을 표현한 〈정원에서〉, 그리고 집안 풍경과 카린을 조화롭게 배치한 〈카린과 집안 풍경〉 등이 있다. 이 시기의 작품들은 라르손이 밝고 따뜻한 색채와 가족 중심 주제를 통해 그의 화풍을 완숙하게 다지고, 후일 '스웨덴식 생활 미학'을 대표하는 그림 세계를 확립한 중요한 시기로 평가된다.

Brita with the confectionery jar 1894

Christmas Morning 1894

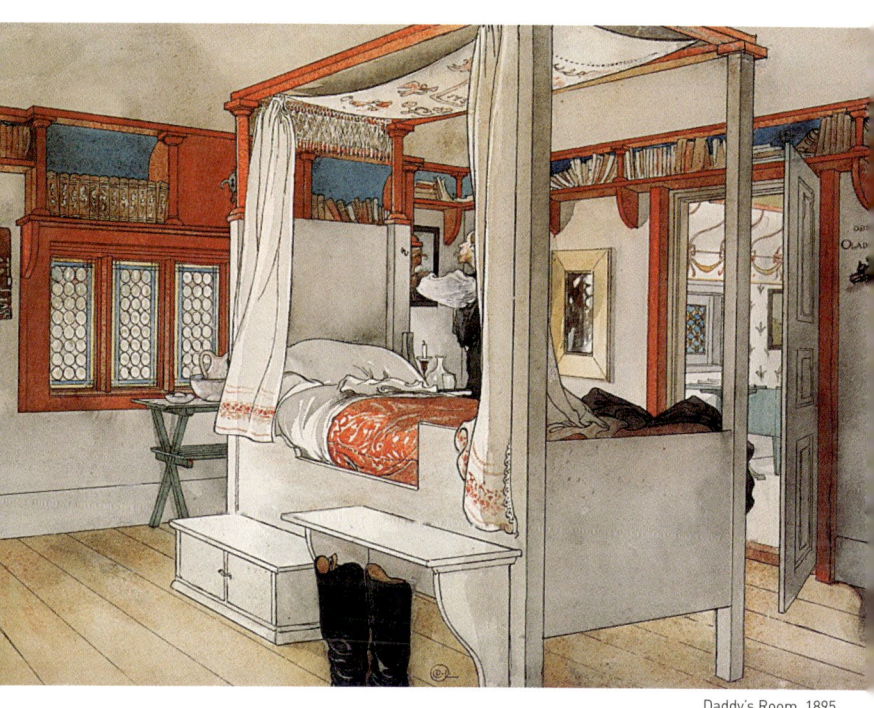

Daddy's Room 1895

상징과 대비가 결합된 후기 화풍
라르손 예술 세계의 확장

칼 라르손의 1900년대 이후 작품은 중기의 밝고 따뜻한 수채화 화풍을 바탕으로, 보다 상징적이고 구조적인 주제와 대형 장식화까지 시도하며 예술적 완숙기에 접어든 시기다. 이 시기의 작품들은 가족과 집안 풍경을 넘어, 스웨덴 역사, 신화, 국민적 소재를 다루며 공공 건축물과 벽화를 위한 작업도 활발히 진행되었다. 색채는 여전히 밝고 온화하지만, 화면 구성과 공간감이 보다 정교해지고, 작품마다 시각적 균형과 장식적 요소가 강조된다. 또한 후기 작품에서는 일상적 소재와 서정적 감성뿐 아니라, 상징성과 극적 대비가 더해져 라르손 예술 세계의 폭이 확장되었다.

후기 대표작으로는 스웨덴 국립박물관 중앙계단 홀을 장식한 '스웨덴의 역사' 벽화 시리즈, 신화적·상징적 요소를 담은 〈한겨울의 희생〉 등이 있다. 라르손은 〈한겨울의 희생〉이 자신 생애 최고의 작품이라고 했다.

후기 작품들은 라르손이 수채화 화풍을 완숙하게 발전시키는 동시에, 개인적 일상과 공공적·상징적 주제를 조화롭게 결합하여 예술적 완성도를 보여준 시기로 평가된다.

Grandfather with Esborjn 1902

Around the Lamp at Evening 1900

At Church 1905

A Fairy or Kersti and a View of a Meadow

Detail Of Christmas Eve 1906

삶과 예술을 통합한
칼 라르손의 생활 미학

칼 라르손은 말년에 뤼스나스에서 가족과 함께한 평온한 생활 속에서 예술적 완숙을 이루어갔다. 그는 수채화·장식화·벽화 등 다양한 양식으로 자신의 세계를 더욱 확장했다. 이때의 작품들은 밝고 투명한 색채, 섬세한 붓질, 안정된 구성으로 일상과 가족, 자연의 서정을 고요하고도 깊이 있게 담아내며 생활 미학의 정수를 보여준다. 하지만 1918년 뇌졸중으로 쓰러진 뒤 건강이 급격히 악화되었고, 결국 1919년 1월 22일 합병증으로 세상을 떠났다.

작품을 통해 보여준 그의 개성은 스웨덴의 대표적인 가구 브랜드인 이케아(IKEA)의 정신적 모토가 되었고, 현재 미술시장에서 그의 작품은 5억 원을 호가하는 가치를 지니며, 시대를 뛰어넘어 높은 예술성을 인정받고 있다.

칼 라르손은 삶과 예술을 자연스럽게 일치시키며 '삶을 그리는 예술'을 완성한 화가로 평가되며, 그의 작품은 오늘날까지도 스웨덴 문화와 수채화 예술의 대표적 상징으로 사랑받고 있다.

Self-Portrait (In the new studio) 1912

Interior with a Cactus 1914

By the Cellar 1917

Fir Tree in Snow 1910

Lisbeth at the birch grove 1910

12월의 시인들

김상용
김영랑
노자영
박용철
백석
변영로
심훈
오장환
윤동주
이병각
이상
이상화
이용악
장정심
한용운
허민
황석우
라이너 마리아 릴케
마쓰오 바쇼
요사 부손
이케니시 곤스이

김상용

金尙鎔. 1902~1951. 일제강점기의 시인, 소설가이자 문학평론가였고, 번역가와 영문학자로도 활동했다. 1902년 경기도 연천에서 태어났다. 시조 시인 김오남(金午男)이 여동생이다. 그의 아호는 월파(月坡)로, 성과 호를 합친 김월파(金月坡)라고도 불리었다.

1917년 경성제일고등보통학교 입학, 1919년 3·1운동 관련으로 제적되어 보성고등보통학교로 전학, 1921년 졸업했다. 이듬해인 1922년 일본 릿쿄대학 영문과에 입학, 1927년에 졸업했다. 귀국 후 보성고등보통학교 교사로 재직하면서 1930년경부터 《동아일보》 등에 시를 게재했고, 에드거 앨런 포의 「애너벨 리」(《신생(新生)》 27, 1931.1), 키츠(J. Keats)의 「희랍고옹부(希臘古甕賦)」(《신생》 31, 1931.5) 등의 외국문학을 번역·소개했다. 1933년부터 이화여자전문학교 영문과 교수로 근무하면서, 1938년 「남으로 창을 내겠오」를 수록한 시집 『망향(望鄕)』을 출간했다.

해방 이후 미군정청이 강원도 지사로 임명했으나 곧 사임했고, 1945년 이화여자대학교 교수로 복직했다. 이듬해 미국으로 건너가 1946년부터 1949년까지 보스턴대학에서 영문학을 연구했고, 귀국 후 이화여자대학의 학무처장을 맡았다. 1950년 수필집 『무하선생방랑기(無何先生放浪記)』를 출간했고, 코리아타임즈사의 초대 사장을 역임했다. 1951

년 6월 22일 부산에서 사망했다.

김상용의 시에는 동양적이고 관조적인 허무의 정서가 깔려 있으나 낙관적인 방식으로 어둡지 않게 표현된 것이 특징이다. 「남으로 창을 내겠오」와 이 시의 마지막 연 "왜 사냐건 웃지오"가 유명하다.

김영랑

金永郎. 1903~1950. 시인이자 독립운동가다. 본관은 김해(金海). 본명은 김윤식(金允植). 영랑은 아호인데 《시문학》에 작품을 발표하면서부터 사용하기 시작했다. 1903년 전라남도 강진에서
태어났다. 강진보통학교를 졸업한 후 1917년 휘문의숙에 입학했지만 1919년 3·1운동 때 학교를 그만두고 강진에서 만세운동을 벌일 계획을 세우다 체포되었다. 징역 1년 형을 받고 투옥되었지만, 실제 만세운동을 벌이지 않았다는 이유로 무죄를 선고받았다. 이후 1920년 일본 유학길에 올라 아오야마학원에서 영문학을 공부했다. 일본에서 유학하며 아나키스트이자 사회운동가인 박열과 교류했다. 1923년 관동 대지진이 일어나면서 학업을 중단하고 귀국했다.

1930년 정지용, 박용철 등과 함께 《시문학》 동인에 가입하며 본격적인 작품 활동을 시작했다. 초기 시는 1935년 박용철에 의하여 발간된 『영랑시집』 초판의 수록시편들이 해당되는데, 여기서는 자연에 대한 깊은 애정이나 인생을 바라보는 태도에서의 역정(逆情)·회의 같은 것은 찾아볼 수 없다. '슬픔'이나 '눈물'의 용어가 수없이 반복되면서 그 비애의식은 영탄이나 감상에 기울지 않고, '마음'의 내부로 향하며 정감의 극치를 이루고 있다. 김영랑의 초기 시는 같은 시문학동인인 정지용 시의 감각적 기교와 더불어 그 시대 한국 순수시의 극치를 보여주고 있다.

김영랑은 특히 서정시의 대표적인 시인으로, 감성적이고 아름다운 언어로 민족적 정서를 표현하는 데 집중했다. 그의 시에는 자연과 인간, 사랑과 이별, 그리고 고향에 대한 향수가 깊이 묻어난다. 대표적인 작품으로는 「모란이 피기까지는」 「나그네」 「춘원」 「별」 「시인의 시」 등이 있다. 특히 「모란이 피기까지는」은 김영랑의 대표적인 시로, 사랑과 기다림, 그리고 삶에 대한 깊은 성찰이 녹아 있는 작품이다.

김영랑은 문학적인 성향상, 전통적인 한국 시의 양식을 고수하면서도, 그 안에 근대적 감각을 녹여내고자 했다. 그는 민족의 정서를 현대적이고 미학적인 방식으로 풀어내는 데 집중했다. 이러한 특성 덕분에 김영랑은 한국 문학사에서 중요한 역할을 하게 되었다.

1940년을 전후하여 민족항일기 말기에 발표된 「거문고」 「독(毒)을 차고」 「망각(忘却)」 「묘비명(墓碑銘)」 등의 후기 시에서는 그 형태적인 변모와 함께 인생에 대한 깊은 회의와 '죽음'의 의식이 나타나 있다.

김영랑은 1950년 한국전쟁 당시 서울에서 포탄 파편에 맞아 48세에 사망했다.

노자영

盧子泳. 1898~1940. 시인이자 작가다. 호는 춘성(春城)이며, 출생지는 황해도 장연 또는 송화군으로 전해지고 있지만 정확한 것은 알 수가 없다.

평양 숭실중학교에 입학하여 신문학을 접하면서 톨스토이, 하이네, 보들레르 등을 탐독했다. 졸업 후에는 고향의 양재학교에서 교편생활을 한 적이 있으며, 문학에 대한 열정도 계속되어 낮에는 학생들을 가르치고 밤에는 글을 썼다.

1919년 상경하여 한성도서주식회사에 입사하여 잡지 《학생계》와 《서울》의 기자로 활동했다. 이 시기에 같은 잡지에 시를 발표하기 시작했다. 1935년에는 조선일보 출판부에 입사하여 《조광(朝光)》을 맡아 편집하였다. 1938년에는 기자 생활을 청산하고 청조사(靑鳥社)를 직접 경영한 바 있다.

노자영의 시는 낭만적 감상주의로 일관되고 있으나 때로는 신선한 감각을 보여주기도 한다. 산문에서도 소녀 취향의 문장으로 명성을 떨쳤다. 『처녀의 화환』(1924) 『내 혼이 불탈 때』(1928) 『백공작』(1938) 등의 시집과 『청춘의 광야』(1924) 『표박(漂泊)의 비탄』(1925) 『사랑의 불꽃: 연애서간』(1931) 『나의 화환-문예미문서간집』(1939) 등의 문집, 그리고 『반항』(1923) 『무한애의 금상』(1925) 등의 소설집을 출간했다.

박용철

朴龍喆. 1904~1938. 시인이자 문학평론가, 번역가 등으로 활동했다. 전라남도 광산군(현 광주광역시 광산구)에서 출생하였다. 배재고등보통학교를 거쳐 일본 도쿄 아오야마 학원(青山學園)과 연희전문에서 수학했다.

일본 유학 중 시인 김영랑과 교류하며 1930년 《시문학》을 함께 창간해 등단했다. 1931년 《월간문학》, 1934년 《문학》 등을 창간해 순수문학 계열로 활동했다. "나 두 야 간다/나의 이 젊은 나이를/눈물로야 보낼거냐/나 두 야 가련다"로 시작되는 대표작「떠나가는 배」등의 시는 그의 초기작이고, 이후로는 주로 극예술연구회의 회원으로 활동하며 해외 시와 희곡을 번역하고 평론을 발표하는 방향으로 관심을 돌렸다.

1938년 결핵으로 사망해 자신의 작품집은 생전에 내보지 못했다. 사망 1년 후『박용철 전집』이 시문학사에서 간행됐다. 전집의 전체 내용 중 번역이 차지하는 부분이 절반이 넘어, 박용철의 번역 문학에 대한 관심을 알 수 있다. 괴테, 하이네, 릴케 등 독일 시인의 시가 많았다. 번역 희곡으로는 셰익스피어의『베니스의 상인』, 헨리크 입센의『인형의 집』등이 있다. 극예술연구회 회원으로 활동하며 번역한 작품들이다.

박용철은 1930년대 문단에서 임화와 조선프롤레타리아예술가동맹으로 대표되는 경향파 리얼리즘 문학, 김기림으로 대표되는 모더니즘 문학과 대립해 순수문학이라는 흐름을 이끌었다. 김영랑, 정지용, 신석정, 이하윤 등이 같은 시문학파들이다.

박용철의 시는 김영랑이나 정지용과 비교해 시어가 맑거나 밝지는 않은 대신, 서정시의 바탕에 사상성이나 민족의식이 깔려 그들의 시에서는 없는 특색이라는 평가가 있다. 그는 릴케와 키에르케고르의 영향을 받아 회의·모색·상징 등이 주조를 이룬다.

광주에 생가가 보존돼 있고 광주공원에는 「떠나가는 배」가 새겨진 시비도 건립되어 있다. 광주광역시 광산구에서는 매년 용아예술제를 열고 있다.

백석

白石. 1912~1996. 일제 강점기와 조선민주주의인민공화국의 시인이자 소설가, 번역문학가이다. 본명은 백기행(白夔行)이며 본관은 수원(水原)이다. '白石(백석)'과 '白奭(백석)'이라는 아호(雅號)가 있었으나, 작품에서는 거의 '白石'을 쓰고 있다.
평안북도 정주(定州) 출신. 오산고등보통학교를 마친 후, 일본에서 1934년 아오야마학원 전문부 영어사범과를 졸업하였다.

부친 백용삼과 모친 이봉우 사이의 3남 1녀 중 장남으로 출생했다. 부친은 우리나라 사진계의 초기인물로《조선일보》의 사진반장을 지냈다. 모친 이봉우는 단양군수를 역임한 이양실의 딸로 소문에 의하면 기생 내지는 무당의 딸로 알려져 백석의 혼사에 결정적인 지장을 줄 정도로 당시로서는 심한 천대를 받던 천출의 소생으로 알려져 있다. 1930년《조선일보》신년현상문예에 1등으로 당선된 단편소설「그 모(母)와 아들」로 등단했고, 몇 편의 산문과 번역소설을 내며 작가와 번역가로서 활동했다. 실제로는 시작(詩作) 활동에 주력했으며, 1936년 1월 20일에는 그간《조선일보》와《조광(朝光)》에 발표한 7편의 시에, 새로 26편의 시를 더해 시집『사슴』을 자비로 100권 출간했다. 이 무렵 기생 김진향을 만나 사랑에 빠졌고 이때 그녀에게 '자야(子夜)'라는 아호를 지어주었다. 이후 1948년《학풍(學風)》창간호(10월호)에「남신의주 유동

박시봉방(南新義州 柳洞 朴時逢方)」을 내놓기까지 60여 편의 시를 여러 잡지와 신문, 시선집 등에 발표했으나, 분단 이후 북한에서의 활동은 정확히 알려진 것이 없다. 백석은 자신이 태어난 마을과 마을 사람들 그리고 주변 자연을 대상으로 시를 썼다. 작품에는 평안도 방언을 비롯하여 여러 지방의 사투리와 고어를 사용했으며 소박한 생활 모습과 철학적 단면이 시에 잘 드러나 있다. 그의 시는 한민족의 공동체적 친근감에 기반을 두었고 작품의 도처에는 고향의 부재에 대한 상실감이 담겨 있다.

변영로

卞榮魯. 1898~1961. 대한민국의 시인이며 동아일보 기자, 성균관대학교 영문과 교수 등을 역임한 영문학자다. 본관은 밀양(密陽)이다. 본명은 변영복(卞榮福)이었으나, 나중에는 영로(榮魯)라는 이름을 주로 썼고, 61세가 되던 1958년이 되어서야 변영로로 정식 개명하였다. 호는 수주(樹州)다.

계동보통학교를 졸업하고, 1910년 사립 중앙학교에 입학하였으나 1912년 중퇴하였다. 1915년 조선중앙기독교청년회학교 영어반에 입학하여 3년 과정을 6개월 만에 마쳤다.

1918년 《청춘(靑春)》에 영시 「코스모스(Cosmos)」를 발표하면서부터 시인으로 활동하였다. 1919년에는 독립선언서를 영문으로 번역하였다. 1920년에 《폐허(廢墟)》, 1921년에는 《장미촌(薔薇村)》 동인으로 참가하였으며, 《신민공론(新民公論)》 주필을 지냈다. 신문학 초창기에 등장한 신시(新詩)의 선구자로서, 압축된 시구 속에 서정과 상징을 담은 기교를 보였다. 대표작으로는 1922년 《신생활》에 발표한 「논개」 등이 있다.

이화여자전문학교 강사, 동아일보 기자, 잡지 《신가정》 주간, 성균관대학교 영문과 교수, 해군사관학교 영어교관 등을 역임하였다. 1961년 3월 14일 인후암으로 사망하였다.

심훈

沈熏. 1901~1936. 대한민국의 소설가·시인이자 영화인이다. 1901년 9월 12일 서울 노량진에서 태어났다. 본명은 심대섭(沈大燮), 호는 해풍(海風)이었으며, 아명은 삼준 또는 삼보였. 경성제일고보 재학 중에는 3·1운동에 참가하였다가 4개월간 복역하기도 한 항일시인이다.

1933년 장편 「영원(永遠)의 미소(微笑)」를 《조선중앙일보(朝鮮中央日報)》에 연재하였고, 단편 「황공(黃公)의 최후(最後)」를 탈고하였다(발표는 1936년 1월 신동아). 1934년 장편 「직녀성(織女星)」을 《조선중앙일보》에 연재하였으며, 1935년 장편 「상록수(常綠樹)」가 《동아일보》 창간15주년 기념 장편소설 특별공모에 당선, 연재되었다.

「동방의 애인」 「불사조」 등 두 번에 걸친 연재 중단사건과 애국시 「그날이 오면」에서 알 수 있듯이 그의 작품에는 강한 민족의식이 담겨 있다. 「영원의 미소」에는 가난한 인텔리의 계급적 저항의식, 식민지 사회의 부조리에 대한 비판정신, 그리고 귀농 의지가 잘 그려져 있으며 대표작 「상록수」에서는 젊은이들의 희생적인 농촌사업을 통하여 강한 휴머니즘과 저항의식을 고취시킨다.

1936년 9월 16일, 출판을 준비하던 중 사망하였다.

오장환

吳章煥. 1918~?. 대한민국의 시인이다. 충북 보은에서 태어났다. 경기도 안성으로 이주하여 1930년 안성보통학교를 졸업하였고, 휘문고보를 중퇴한 후 잠시 일본 유학을 했다. 휘문고보 재학 중에는 시인 정지용에게서 시를 배웠다. 문예반 활동을 하면서 교지《휘문》에 「아침」, 「화염」과 같은 시를 발표했고,
《조선문학》에 「목욕간」을 발표하면서 시인으로 활동했다.

오장환의 초기시는 서자라는 신분적 제약과 도시에서의 타향살이, 그에 따른 감상적인 정서와 관념성이 형상화되었다. 1936년《조선일보》《낭만》등에 발표한 「성씨보」, 「향수」, 「성벽」, 「수부」 등이 이런 경향을 잘 보여주고 있다. 1937년에 시집『성벽』, 1939년에『헌사』를 간행하였다. 그의 시에는 고향에 대한 그리움이 일관되게 나타난다. 오장환의 작품에서 그리움은, 도시의 신문물을 비판적으로 바라보는 비판 정신이기도 하고, 어떤 때는 고향과 육친에 대한 그리움, 또한 광복 이후 조국 건설에 대한 지향이기도 하다.

일제강점기에 친일시를 단 한 편도 쓰지 않으며 궁핍한 시기를 견딘 그는 신장병을 앓다가 해방을 맞았다. 이후 활발하게 활동하다가 미소공동위원회에서 테러를 당하고 6·25전쟁의 와중에 치료를 받지 못한 채 34살의 나이에 안타깝게 사망하였다.

윤동주

尹東柱. 1917~1945. 일제강점기의 저항(항일) 시인이자 독립운동가다. 아명은 해환(海煥). 만주 북간도의 명동촌에서 태어났으며, 기독교인인 할아버지의 영향을 받았다. 1931년(14세)에 명동소학교를 졸업하고, 한때 중국인 관립학교인 대랍자(大拉子)소학교를 다니다 가족이 용정으로 이사하자 용정에 있는 은진중학교에 입학했다.

1935년에 평양의 숭실중학교로 전학하였으나, 학교에 신사참배 문제가 발생하여 폐쇄당하고 말았다. 다시 용정에 있는 광명학원의 중학부로 편입하여 거기서 졸업했다. 1941년에는 서울의 연희전문학교 문과를 졸업하고, 일본으로 건너가 도쿄에 있는 릿쿄 대학 영문과에 입학했다가, 다시 1942년, 도시샤 대학 영문과로 옮겼다. 1943년 7월 학업 도중 귀향하려던 시점에 항일운동을 했다는 혐의로 일본 경찰에 체포되어 2년 형을 선고받고 후쿠오카 형무소에서 복역했다. 그러나 복역 중 건강이 악화되어 1945년 2월에 생을 마감하고 말았다. 유해는 그의 고향 용정에 묻혔다. 한편, 그의 죽음에 관해서는 옥중에서 정체를 알 수 없는 주사를 정기적으로 맞은 결과이며, 이는 일제의 생체실험의 일환이었다는 주장도 제기되고 있다.

15세부터 시를 쓰기 시작하여 첫 작품으로 「삶과 죽음」, 「초한대」를 썼다. 발표 작품으로는 만주 연길에서 발간된 잡지 《가톨릭 소년》에 실린 동시 「병아리」 「빗자루」 「오줌싸개 지도」 「무얼 먹구사나」 「거짓부리」 등이 있다. 연희전문학교 시절 작품으로는 《조선일보》에 발표한 산문 「달을 쏘다」, 교지 《문우》에 게재된 「자화상」 「새로운 길」이 있다. 그의 유작인 「쉽게 쓰여진 시」는 사후인 1946년 《경향신문》에 게재되기도 했다.

윤동주의 대표작으로는 「서시」 「별 헤는 밤」 「자화상」 등이 있으며, 그 중에서도 「서시」는 그의 철학적이고 민족적 고뇌를 잘 나타낸 작품으로, 현재까지도 많은 사람들이 기억하는 명작으로 꼽힌다. 이 시는 자기 자신을 고백하는 형식으로 시작되며, 일제의 압박 속에서 자아를 찾고자 하는 고독한 내면의 목소리를 담고 있다.

윤동주의 절정기에 쓰인 작품들을 1941년 연희전문학교를 졸업하던 해에 '하늘과 바람과 별과 시'라는 제목으로 발간하려 하였으나 뜻을 이루지 못했다. 그의 자필 유작 3부와 다른 작품들을 모아 친구 정병욱과 동생 윤일주가, 사후에 그의 뜻대로 1948년, 『하늘과 바람과 별과 시』라는 제목으로 출간했다. 29년의 짧은 생애를 살았지만 특유의 감수성과 삶에 대한 고뇌, 독립에 대한 소망이 서려 있는 작품들로 인해 대한민국 문학사에 길이 남은 전설적인 문인이다. 2017년 12월 30일, 탄생 100주년을 맞이했다.

이병각

李秉珏. 1910~1941. 일제강점기의 시인이다. 본관은 재령(載寧)이고, 경상북도 영양에서 태어났다. 몽구(夢駒)라는 아호로 불리었고, 호적명은 이인대(李仁大)이지만 실제 이름은 이병각이다.

이병각은 1918년 안동보통학교 입학하였고, 1924년 서울로 상경하여 중동학교 입학했으나 1929년 광주학생사건에 연루 퇴학당했다. 1930년에는 일본에 머무르다가 귀국하여 청년운동과 민중운동을 했다. 카프가 해체된 시기인 1935년에서 1936년 사이 문단활동을 시작하였고 평론, 산문, 시에 이르는 장르의 경계를 넘나들며 자유롭게 작품활동을 하였다. 민태규, 윤곤강 등과 함께 낭만동인회를 조직하고 시 동인지 《낭만(浪漫)》을 발행하면서, 창간호에 시「한강」을 발표하였다. 1936년 《조선일보》에 '예술과 창조'라는 글을 기고하면서 정지용의 시에 대해 비판하였다. 1937년에는 시 전문 동인지《자오선(子午線)》창간에 참여하였으며, 1939년에는《자오선》창간 동인들을 주축으로 시 전문 동인지《시학(詩學)》창간에도 참여하였였다. 수로 자본수의나 제국주의를 비판하고 풍자하는 내용의 작품들을 발표하였다.

하지만 이른 죽음으로 인해 그 활동 기간은 카프 해소 이후 10여 년뿐이다. 현실 도피적인 성향인 데다 후두결핵으로 문단활동도 활발하게 하지 못하였다.

이병각은 말년에 병든 몸으로 직접 한지에다 모필로 시집을 묶었는데, 그 첫 장에는 '가장 괴로운 시대에 나를 나허주신 어머님게 드리노라'라고 쓰어 있다.

이상

李箱. 1910~1937. 일제강점기의 시인이자 소설가다. 1910년 아버지 김연창(金演昌)과 어머니 박세창(朴世昌) 사이에서 2남 1녀 중 장남으로 태어났다. 태어나고 3년 후인 1913년 몰락한 양반인 백부 김연필의 집으로 입양되었다. 어렸을 때부터 길바닥에 버려져 있던 목단 열 끗을 똑같이 그려내어 사람들을 놀라게 하거나, 자 없이도 반듯한 직선을 긋는 등 그림에 대  한 천부적인 재능이 있었으며, 본인 또한 화가를 꿈꾸었다. 그러나 가난한 화가보다 배곯을 일 없는 기술자가 되라는 김연필의 반대로, 이상은 1927년 경성고등공업학교에 입학해 1929년 건축과를 수석으로 졸업하였고, 이후 조선총독부에서 건축기사로 복무하였다. 건축기사가 된 지 1년이 지난 1930년, 그는 조선총독부에서 발간하던 잡지 조선에서 필명 이상(李箱)으로 장편소설 12월 12일을 9회 동안 연재한 것을 시작으로 문학계에 데뷔했다. 퇴사 전까지 그는 이상(李箱)을 포함해 비구(比久), 보산(甫山) 등의 필명으로 조선총독부에서 발간하는 잡지에 작품들을 투고했다. 그러던 1931년, 그는 갑작스럽게 폐결핵을 진단받았다. 병세는 날이 갈수록 악화되어 1933년부터는 각혈까지 시작되었고, 건축기사 일을 지속하기 어렵다고 판단한 이상은 조선총독부에서 퇴사하고 요양을 하러 갔다. 요양 후 서울로 돌아와서는 종로1가에 다방 '제비'를 차리고 이 시기에 박태원, 정지용, 김기림, 이태준 등 문학가들과 교류를 시작했다. 정지용의 주선을 통해 《가톨릭청년》에 시 「꽃나무」와 「이런 시」를 발표했고, 또한 이태준의 도움을 받아 《조선중앙일보》에서 시 「오감도」를 연재했지만, 독자들의 거센 반발로 인해 15회 만에 연재를 중지하였다.

이상은 현대시사를 논할 때 결코 빼놓을 수 없는 시인이며, 전위적이고 해체적인 글쓰기로 한국의 모더니즘 문학사를 개척한 작가로 평가받고 있다. 1930년대에 있었던 1920년대의 사실주의, 자연주의에 반발한 모더니즘 운동의 기수였다. 그의 초현실주의적 작품활동은 한국 근대문학이 국제적·선진적 사조에 합류하는 데 지대한 공헌을 했다고 평가받는다.

겉으로는 서울 중인 계층 출신으로 총독부 기사였던 평범한 사람이지만, 20세부터 죽을 때까지 폐병으로 인한 각혈과 지속적인 자살 충동 등 평생을 죽음의 공포 속에서 살아야 했던 기이한 작가였다. 한국 역사상 가장 독창적인 시와 소설을 창작한 바탕에는 이런 공포가 늘 그의 삶에 있었기 때문일지도 모른다.

이상화

李相和. 1901~1943. 시인. 경상북도 대구에서 태어났다. 7세에 아버지를 잃고, 14세까지 가정 사숙에서 큰아버지 이일우의 훈도를 받으며 수학하였다. 18세에 경성중앙학교(지금의 중앙 중·고등학교) 3년을 수료하고 강원도 금강산 일대를 방랑하였다. 1917년 대구에서 현진건·백기만·이상백과 《거화(炬火)》를 프린트판으로 내면서 시  작 활동을 시작하였다. 21세에는 현진건의 소개로 박종화를 만나 홍사용·나도향·박영희 등과 함께 '백조(白潮)' 동인이 되어 본격적인 문단 활동을 시작하였다. 그의 후기 작품 경향은 철저한 회의와 좌절의 경향을 보여주는데 그 대표적 작품으로는 「역천(逆天)」(시원, 1935) 「서러운 해조」(문장, 1941) 등이 있다. 문학사적으로 평가하면, 어떤 외부적 금제로도 억누를 수 없는 개인의 존엄성과 자연적 충동(情)의 가치를 역설한 이광수의 논리의 연장선상에 놓여 있는 '백조파' 동인의 한 사람이다. 동시에 그 한계를 뛰어넘은 시인으로, 방자한 낭만과 미숙성과 사회개혁과 일제에 대한 저항과 우월감에 가득한 계몽주의와 로맨틱한 혁명사상을 노래하고, 쓰고, 외쳤던 문학사적 의의를 보여주고 있다.

이용악

李庸岳. 1914~1971. 함경북도 경성 출생. 고향에서 보통학교를 졸업한 후 1936년 일본 조치대학(上智大學) 신문학과에서 수학했다. 1935년 3월 「패배자의 소원」을 처음으로 《신인문학》에 발표하면서 작품활동을 시작했다. 같은 해 「애소유언(哀訴遺言)」 「너는 왜 울고 있느냐」 「임금원의 오후」 「북국의 가을」 등을 발표하는 등 왕성  하게 창작활동을 했으며, 《인문평론(人文評論)》의 기자로 근무하기도 했다. 1937년 첫 번째 시집 『분수령』을 발간하였고, 이듬해 두 번째 시집 『낡은 집』을 도쿄에서 발간하였다.

이용악은 초기 작품에서 소년시절의 가혹한 체험, 고학, 노동, 끊임없는 가난, 고달픈 생활인으로서의 고통 등 자신의 체험을 뛰어난 서정시로 읊었다. 이러한 개인적 체험을 일제 치하 유민(遺民)의 참담한 삶과 궁핍한 현실로 확대시킨 점에 이용악의 특징이 있다. 1946년 광복 후 조선문학가동맹의 시 분과 위원으로 활동하면서 《중앙신문》 기자로 생활했다. 이 시기에 시집 『오랑캐꽃』을 발간했다. 1949년 시집 『이용악집』을 발표하였다가 체포되어 서대문형무소에 수감된다. 그러다 6·25 전쟁이 발발하면서 석방된다. 이후 이용악은 6·25 전쟁 도중 박태원 등과 함께 월북했으며, 1971년 사망했다고 전해진다.

장정심

張貞心 1898~1947 일제강점기의 시인이자 독립운동가다. 1898년 개성에서 태어났다. 호수돈여자고등보통학교를 마치고 서울로 와서 이화학당유치사범과 협성여자신학교를 졸업하고 감리교여자사업부 전도사업에 종사했다.

1927년경부터 시를 쓰기 시작하여 많은 작품을 신문과 잡지에 발표했다. 기독교계에서 운영하는 잡지《청년(靑年)》에 발표하면서부터 등단했다. 1933년 한성도서주식회사에서 간행한 『주(主)의 승리(勝利)』는 그의 첫 시집으로 신앙생활을 주제로 하여 쓴 단장(短章)으로 엮었다. 1934년 경천애인사(敬天愛人社)에서 출간된 두 번째 시집 『금선(琴線)』은 서정시·시조·동시 등으로 구분하여 200수 가까운 많은 작품을 수록하고 있다.

장정심의 시는 서정적이고 감성적이며, 자아의 내면과 여성적 정서를 중심으로 한 작품들이 많다. 또한, 근대화와 전쟁, 여성의 삶에 대한 고찰을 시로 풀어내며, 한국 문학에서 여성의 목소리를 더욱 선명하게 표현한 시인으로 평가된다. 독실한 신앙심을 바탕으로 한 맑고 고운 서정성의 종교시를 씀으로써 선구자적 소임을 다한 시인으로 높이 평가되고 있다.

한용운

韓龍雲. 1879~1944. 일제강점기의 작가이자 승려, 독립운동가다. 본관은 청주, 호는 만해(萬海)이며, 충청도 결성현(지금의 충청남도 홍성군)에서 태어났다. 불교를 통해 혁신을 주장하며 언론 및 교육 활동을 했다. 무능한 불교 개혁과 불교의 현실 참여를 주장했으며, 그 대안으로 '불교사회개혁론'을
주장했다. 1918년 11월에는 불교 최초의 잡지인 《유심》을 발행했다. 1919년 3월 1일 만세운동 당시 민족대표 33인 중 한 사람이며, 독립선언을 하여 체포당한 뒤 서대문형무소에서 3년간 복역했다.

한용운은 작품에서 퇴폐적인 서정성을 배격하였으며 조선의 독립 또는 자연을 부처에 빗대어 '님'으로 형상화하여 고도의 은유법을 구사했다. 1918년 《유심》에 시를 발표하였고, 1926년 「님의 침묵」 등의 시를 발표했다. 「님의 침묵」에서는 기존의 시와 시조의 형식을 깬 산문시 형태로 시를 썼다. 소설가로도 활동하여 1930년대부터는 장편소설 『흑풍(黑風)』 『철혈미인(鐵血美人)』 『후회』 『박명(薄命)』 단편소설 「죽음」 등을 비롯한 몇 편의 장편, 단편 소설들을 발표했다.

1931년 김법린 등과 청년승려비밀결사체인 만당(卍黨)을 조직하고 당수로 취임했다. 만당은 청년 승려들이 주도하여 조선불교의 자립적 방향과 민족 해방을 위한 비밀 결사체로 결성되었다. 당시 한국의 불교는 일제의 억압과 통제를 받으면서도, 불교계 일부에서는 종교적 독립뿐만 아니라 민족 독립을 위한 노력이 필요하다고 느꼈다. 그리하여 만당은 불교 승려들로서 민족 해방을 위한 독립운동과 불교의 개혁을 목표로 삼았다. 한용운은 교우관계에 있어서도 좋고 싫음이 분명하여, 친일로 변절한 시인들에 대해서는 막말을 하는가 하면 차갑게 모른 체했다고 한다.

허민

許民. 1914~1943. 일제강점기의 시인이자 소설가다. 1914년 경남 사천에서 태어났다. 본명은 허종(許宗)이고, 허민(許民)은 필명이다. 이외에도 허창호(許昌瑚), 일지(一枝), 곡천(谷泉) 등의 필명을 썼고, 법명으로 야천(野泉)이 있다. 측량기사였던 아버지가 허민 생후 삼 일째 되는 날 요절한 이후 어머니와 외조부의 슬하에서 자랐다. 1936년 12월 《매일신보》 현상 공모에 단편소설 「구룡산(九龍山)」이 당선되어 등단하였다. 시인 유엽 추천으로 1940년에 시 〈야산로(夜山路)〉를 《문장(文章)》에 발표하였고, 1941년에는 이태준의 추천으로 단편 「어산금(魚山琴)」을 같은 잡지에 발표하였다. 1941년 시 「해수도(海水圖)」를 《만선일보》에 발표하였다.

허민의 시는 자유시를 중심으로 시조, 민요시, 동요, 노랫말에다 성가, 합창극에까지 이르는 다양한 갈래에 걸쳐 있다. 시의 제재는 산·마을·바다·강·호롱불·주막·물귀신·산신령 등 자연과 민속에 속하며, 주제는 막연한 소년기 정서에서부터 농촌을 중심으로 민족 현실에 대한 다채로운 깨달음과 질병(폐결핵)에 맞서 싸우는 한 개인의 실존적 고독 등을 표현하고 있다.

그의 대표적인 시 「율화촌(栗花村)」은 단순한 복고취미로서의 자연 애호에서 벗어나 인정이 어우러진 안온한 농촌공동체를 형상화함으로써 시적 비전을 제시하고자 하였다.

이 외에도 소설 작품으로 「사장(射場)」 「석이(石茸)」가 있다. 아울러 동화로 「박과 호박」이 있고, 수필로 「단풍(丹楓)」이 있으며, 평론 「나의 영록기(迎綠記)」가 있다.

황석우

黃錫禹. 1895~1959. 대한민국의 시인이다. 아호는 상아탑(象牙塔)이며, 서울에서 출생하였다. 일본 와세다대학(早稻田大學) 정경학부에서 수학하였다. 1920년 《폐허》, 1921년 《장미촌》의 창단동인으로 활동하였으며, 1928년에는 《조선시단》을 주재, 발행하기도 하였다. 광복 후에는 한때 교육계에 투신하여 국민대학 교수를 지낸 바 있다.

대학 재학시절에 일본 잡지에 글을 발표하였다고 하나 정확하지는 않다. 우리 문단에 처음 등장한 것은 1919년 《매일신보》에 「시화(詩話)」(9월) 「조선시단의 발족점(發足點)과 자유시(自由詩)」(11월) 등의 평론을 발표하면서부터였다.

그러나 본격적으로 문단 활동을 시작한 것은 오상순·남궁벽·김억·변영로 등과 함께 《폐허》를 창간하여, 그 창간호에 「석양은 꺼지다」 「망모(亡母)의 영전(靈前)에 받드는 시(詩)」 「벽모(碧毛)의 묘(猫)」 「태양의 침몰」 등의 시 10편 및 상징주의 문학을 소개한 평론 「일본시단의 2대경향」을 발표하면서부터였다.

특히, 그의 시 중 「벽모의 묘」는 상징파 시의 영향을 받은 것으로 평가되고 있다. 그는 스스로 초창기의 한국 근대시단의 기수로 자처하였으나, 우리말 사용 및 시어 선택은 매우 서투른 면을 보여주고 있다.

「태양의 침몰」은 그의 초기 대표작으로 일컬어지는 시임에도 불구하고, 이와 같은 시어의 조야성(粗野性)을 여실히 드러내고 있다.

1929년에는 그의 유일한 시집인 『자연송』 및 무명의 여러 문학 청년들의 작품을 모은 『청년시인백인집』을 낸 바 있다. 시집 『자연송』은 제목에서도 암시되고 있듯이, 태양·달·별 등 천체나 꽃·이슬과 같은 자연물들을 주된 소재로 택하고 있다는 점에서 독특한 면을 보여준다.

황석우는 우리 문학사에 있어서《폐허》와《장미촌》창단 동인으로서 중요한 위치를 점하고 있으며, 한때 그의 작품에 퇴폐적인 어휘가 많이 쓰인 것으로 인하여, 그를 세기말적 분위기에 싸인《폐허》동인의 대표격으로 평가하기도 한다.

라이너 마리아 릴케

Rainer Maria Rilke, 1875~1926 20세기 독일어권을 대표하는 시인이자 산문가다. 본명은 르네 카를 빌헬름 요한 요제프 마리아 릴케(René Karl Wilhelm Johann Josef Maria Rilke)로, 1875년 12월 4일 오스트리아-헝가리 제국 프라하에서 태어났다. 어린 시절 군사학교에 다녔으나 중도 탈락하고, 이후 문학과 철학에 뜻을 두어 뮌헨, 베를린 등에서 수학했다.

1899년과 1900년, 러시아 여행 중 톨스토이와의 만남을 통해 종교적·예술적 사유를 심화시켰으며, 1905년부터 프랑스 조각가 오귀스트 로댕(Auguste Rodin)의 비서로 일하며 조형적 시 세계를 발전시켰다.

릴케의 대표작으로는 산문 『말테의 수기』(1904), 시집 『두이노 비가』(1923), 『오르페우스에게 바치는 소네트』(1923) 등이 있다. 삶과 죽음, 고독과 존재를 사유한 그의 시는 형이상학적 깊이를 지니며, 언어와 예술의 본질을 탐구한 독창적인 시 세계로 평가받는다.

라이너 마리아 릴케는 1926년 12월 29일 스위스 발몽에서 백혈병으로 사망하였다.

마쓰오 바쇼

松尾芭蕉. 1644~1694. 에도 시대 하이쿠의 완성자이며 하이쿠의 성인, 방랑미학의 창시자로 불린다. 마쓰오 바쇼는 에도 시대 전기에 해당하는 1644년 일본 남동부 교토 부근의 이가우에노에서 하급 무사 겸 농부의 아들로 태어났다. 본명은 마쓰오 무네후사(松尾宗房)이고, 어렸을 때 이름은 긴사쿠(金作)였다. 아버지가 일찍 세상을 뜨자 곤궁한 살림으로 인해 바쇼는 19세에 지역의 권세 있는 무사 집에 들어가 그 집 아들 요시타다를 시봉하며 지냈다. 두 살 연상인 요시타다는 하이쿠에 취미가 있어서 교토의 하이쿠 지도자 기타무라 기긴에게 사사하는 중이었다. 친동생처럼 요시타다의 총애를 받은 바쇼도 이것이 인연이 되어 하이쿠의 세계를 접하고 기긴의 가르침을 받게 되었다.

언어유희에 치우친 기존의 하이쿠에서 탈피해 문학적인 하이쿠를 갈망하던 이들이 바쇼에게서 진정한 하이쿠 시인의 모습을 발견했고, 산푸·기카쿠·란세쓰·보쿠세키·란란 등 수십 명의 뛰어난 젊은 시인들이 바쇼의 문하생으로 모임으로써 에도의 하이쿠 문단은 일대 전기를 맞이했다. 부유한 문하생들의 후원으로 문학적으로나 경제적으로나 안정된 생활도 보장되었다. 37세에 '옹'이라는 경칭을 들을 정도로 하이쿠 지도자로서 성공적인 삶을 누렸으나 이내 모든 지위와 명예를 내려놓고 작은 오두막에 은둔생활을 하고 방랑생활을 하다 길 위에서 생을 마감했다.

요사 부손

与謝蕪村. 1716~1784. 에도 시대의 하이쿠 시인이다. 본명 다니구치 노부아키. 요사 부손은 고바야시 잇사, 마쓰오 바쇼와 힘께 하이쿠의 3대 거장으로 분류된다. 일본식 문인화를 집대성한 화가이기도 하다.
예술가가 되기 위하여 집을 떠나 여러 대가들에게 하이쿠를 배웠다. 회화에서는 하이쿠의 정취를 적용해 삶의 리얼리티를 해학적으로 표현했으며, 하이쿠에서는 화가의 시선으로 사물을 섬세하게 묘사해 아름답고 낭만적이면서도 생생하게 시작을 했다. 평소에 마쓰오 바쇼를 존경하여, 예순의 나이에 편찬한 『파초옹부합집(芭蕉翁附合集)』의 서문에 "시를 공부하려면 우선 바쇼의 시를 외우라."고 적었다.
부손에게 하이쿠와 그림은 표현 양식만이 다를 뿐 자신의 감성을 표출하는 수단이었다. 그가 남긴 그림 〈소철도(蘇鐵圖)〉는 중요지정문화재이며, 교토의 야경을 그린 〈야색루태도(夜色樓台圖)〉도 유명하다. 이케 다이가와 공동으로 작업한 〈십편십의도(十便十宜圖)〉 역시 대표작으로 꼽힌다.

이케니시 곤스이

池西言水. 1650~1722. 에도 시대 시대 중기의 하이쿠 시인이다. 이케니시 곤스이는 마쓰오 바쇼와 교유하며 교토에서 활동했다. 그는 당시 하이쿠의 전통을 넘어서는 새로운 시적 표현을 추구하며, 급진적인 하이쿠 시인으로서의 입지를 확립했다.

곤스이의 대표적인 작품 중 하나인 「초겨울 찬바람 끝은 있었다, 바다소리(木枯の果てはありけり海の音)」는 당시 하이쿠 시인들 사이에서 큰 반향을 일으켰으며, 이로 인해 그는 '겨울바람의 곤스이(木枯しの言水)'라는 별칭을 얻었다. 이 작품은 그의 시적 스타일과 겨울의 차가운 정서를 잘 나타내는 작품이다. 곤스이의 시는 자연과 인간의 감정을 섬세하게 표현하며, 당시 하이쿠의 발전에 중요한 영향을 미쳤다. 그의 작품은 오늘날에도 하이쿠 문학의 중요한 부분으로 평가된다.

열두 개의 달 시화집 플러스 十二月
편편이 흩날리는 저 눈송이처럼

초판 1쇄 인쇄 2025년 11월 25일
초판 1쇄 발행 2025년 12월 1일

시인 윤동주 외 20명
화가 칼 라르손
발행인 정수동
편집주간 이남경
편집 김유진
표지 디자인 Yozoh Studio Mongsangso

발행처 저녁달
출판등록 2017년 1월 17일 제406-2017-000009호
주소 경기도 파주시 문발로 203, 203호
전화 02-599-0625
팩스 02-6442-4625
이메일 book@mongsangso.com
인스타그램 @eveningmoon_book
ISBN 979-11-89217-87-7   04800
세트 ISBN 979-11-89217-46-4   04800

*저작권법에 의해 보호를 받는 저작물이므로 무단전재와 무단복제를 금합니다.
*잘못 만들어진 책은 구입하신 서점에서 교환해드립니다.